DE
L'ÉTYMOGRAPHIE

OU

DE LA VÉRITABLE ORTHOGRAPHE FRANÇAISE.

FANTAISIE PHILOLOGIQUE,

PAR

Joseph BOULMIER.

Dulce est desipere in loco.
Horat., Carm. IV, 12)

PARIS,

CHEZ L'AUTEUR, RUE DE LILLE, 19.

1853.

IMP. DE M. CERF, A SÈVRES.

DE
L'ÉTYMOGRAPHIE

OU

DE LA VÉRITABLE ORTHOGRAPHE FRANÇAISE.

FANTAISIE PHILOLOGIQUE,

PAR

Joseph BOULMIER.

Dulce est desipere in loco.
(HORAT., Carm. IV, 12)

PARIS

CHEZ L'AUTEUR, RUE DE LILLE, 19.

1853.

IMP. DE M. CERF, A SÈVRES.

DE
L'ÉTYMOGRAPHIE

OU

DE LA VÉRITABLE ORTHOGRAPHE FRANÇAISE.

—

Fantaisie philologique.

Nous n'avons nullement, Dieu nous en garde! la prétention de nous poser, après tant d'autres qui n'y ont gagné qu'un ridicule amer, en brusque et hautain réformateur de l'orthographe [1] française. Absurde ou logique, cette orthographe a pour elle, si l'on compte depuis Malherbe jusqu'à nos jours, une prescription d'environ trois siècles, qui l'a consacrée d'une manière fondamentale et définitive : il n'y a donc plus à y revenir. C'est une habitude enracinée, qui désormais a force de loi. L'arrêt de l'usage est sans appel ; bon gré mal gré, nous devons nous soumettre aux volontés, ou, si l'on veut, aux caprices de ce despote absolu :

Quem penès arbitrium est, et jus, et norma loquendi.

Aussi n'irons-nous pas, au milieu de notre humble églogue philologique, emboucher sur un ton de rhapsode la trompette grammaticale ; nous ne ferons pas, comme le trop célèbre **M. Marle**, de désopilante mémoire, un *Appel aux Français* [1], en essayant, *mais un peu tard*, de leur dessiller les yeux sur leurs vieux préjugés de naissance, et de les convertir à un nouvel évangile orthographique, beaucoup trop favorable aux cuisinières, aux bonnes d'enfants et aux conscrits de notre glorieuse armée. Il en est des langues humaines comme des estimables bipèdes qui les parlent : on ne peut les morigéner qu'en les prenant tout à fait jeunes ; et la nôtre, malheureusement, commence à se faire un peu trop vieille pour accepter de pareilles leçons, et tendre une main docile à la férule. A la bonne heure, au seizième siècle ! c'était là le bon temps : notre langue n'était encore qu'une petite fille ; elle allait à l'école de messire Joachim du Bellay, de messire Pierre de Ronsard, et des autres magisters de la savante Pléiade. Elle pouvait entendre raison. Mais aujourd'hui, que diable feriez-vous de cette opiniâtre duègne et de sa cervelle ossifiée ! En vérité, quand nous songeons à ce pauvre M. Marle, il nous semble, sauf respect, que la Providence a été souverainement injuste à son égard. Eh ! parbleu ! comme dirait Garo, il aurait dû naître en plein seizième siècle, contemporain de son devancier, *Louis Meigret !* Comme lui, sans doute, il aurait vu toute une génération naïve l'écouter religieusement ; Petit-Jean aurait fait *claquer son fouet tout comme un autre,* et, un beau jour, il aurait lancé dans le monde, aux applaudissements d'une fervente école, son magistral *Trctté de la grammère françoèse* [1].

Quant à nous, petit écrivailleur sans nom et sans audace, notre second titre le déclare suffi amment : c'est une curiosité passagère, une courte boutade, une *fantaisie* de philologue en sous-ordre, qui nous a conduit, non pas à décréter dogmatiquement ce que *doit être* l'orthographe de notre langue au dix-neuvième siècle (encore une fois, bonne ou mauvaise, elle est ce qu'elle est, nous n'avons rien à y faire); mais simplement à nous enquérir de ce qu'elle *aurait pu être*, si on l'eût *commencée* d'assez bonne heure pour avoir quelque chance d'apprivoiser son caractère passablement farouche.

Notre langue, personne ne l'ignore aujourd'hui, se rattache, dans la vaste famille indo-germanique, au groupe des langues *romanes*, des langues dérivées du latin ; elle a pour congénères, outre les différents dialectes de la *langue d'oc*, les riches idiomes de l'Europe méridionale, l'italien, l'espagnol et le portugais. Un petit nombre de mots celtiques ou

tudesques, une nomenclature scienti-
fique, empruntée presque tout entière à
la langue grecque, ne changent rien à
cette classification. Il est facile de se
convaincre, en feuilletant au hasard
notre vocabulaire, que l'immense majo-
rité des radicaux français appartient à
la langue latine. Sous ce rapport, comme
sous beaucoup d'autres, nous sommes
bien et dûment les fils et les héritiers de
Rome. Là-dessus, il n'y a pas le moindre
doute.

Or, pour une langue dérivée comme
la nôtre, il y avait à choisir entre deux
systèmes, relativement à l'orthographe
qu'il s'agissait d'adopter : ou bien, il fallait conformer, le plus exactement possible, cette orthographe à la prononciation, et marcher en cela sur les traces
des autres idiomes romans ; ou bien,
considérant la prononciation comme un
motif d'une valeur secondaire aux yeux
de la science grammaticale, on devait
consulter avant tout la raison étymologique. On n'a fait ni l'un ni l'autre.

Il en est résulté une double anomalie, un double inconvénient : c'est que, d'abord, l'orthographe française, prise dans son ensemble, est loin d'être conforme à la prononciation, et qu'ensuite, la règle de dérivation et d'étymologie s'y trouve violée presque à chaque instant.

Par exemple, nous dirait avec raison le premier étranger venu, vous écrivez *long* avec un *g* final qui ne se prononce pas (si ce n'est devant une voyelle ou une *h* muette); et vous écrivez ainsi, probablement, afin de rappeler le latin *longus*, et surtout de rattacher l'adjectif français à ses dérivés de la même langue: *longueur, longuement, allonger*, etc. Très bien ! Mais alors, pourquoi laissez-vous en dehors de cette règle orthographique, basée sur l'étymologie et la dérivation, un autre mot de la même famille, l'adverbe *loin*? Pourquoi ne pas le rattacher de même à la série de ses dérivés: *éloigner, éloignement*, etc. ? Vos ancêtres, Messieurs, étaient plus logiques (c'est toujours l'étranger qui parle) : Rabelais, Amyot et Montaigne, à ce qu'il me semble, écrivaient *loing*. Ils écrivaient, par la même analogie : *soing* , *besoing* , *tesmoing*; et, dans chacun de ces mots, orthographiés de la sorte, la seule inspection du *g* final faisait retrouver d'avance et virtuellement toute la suite des dérivés : LOING, *esloigner, esloignement ;* SOING, *soigner, soigneux ;* BESOING , *besoigne, besoigner, besoigneux ;* TESMOING, *tesmoigner, tesmoignage* [4], etc.

Telle était, généralement, la tendance orthographique dominante au seizième siècle. En retravaillant le vieux fonds de notre langue, non-seulement les doctes humanistes de cette époque supprimaient les mots *gaulois* dont la filiation était presque effacée, et leur substituaient des dérivés plus savants et plus étymologiques [5]; mais ils rappelaient encore, autant que possible, l'origine du vocable à l'aide de l'écriture [6]. Ils écrivaient donc : COGNOISTRE [7] (à cause du latin *cognoscere*); MESME (en italien *medesimo, medesmo;* en espagnol *mismo*) ; CHAS-

CUN [8] , (en langue d'oc : *quascun, cas-cun;* en italien : *ciascheduno, ciascuno*); AULTRE (*alter*); HAULT (*altus*) ; ESTRE (adoucissement du vieux verbe ESTER [9], en latin *stare*) ; ESTANT (*stans*) ; ESTANG (*stagnum*), etc.; en un mot, à travers chaque dérivé français qu'ils avaient à écrire, ils semblaient toujours qu'ils voulussent faire entrevoir le primitif exotique correspondant. L'orthographe était comme un justaucorps qui devait dessiner fidèlement toutes les lormes de l'étymologie.

Mais par malheur, dès ce temps-là même, en face de ce beau système orthographique, le plus généralement suivi, le plus savant, le plus rationnel, il s'en produisait un autre, diamétralement opposé, et qui avait pour but de conformer l'orthographe, non plus à l'étymologie, mais à la prononciation, non plus à la logique, mais au hasard. Le premier écrivain qui se soit avisé de cette fantaisie paraît être *Louis Meigret* de Lyon, déjà mentionné par nous au commence-

ment de cet opuscule. Une foule d'imi-
tateurs (*ô imitatores, servum pecus!*)
marchèrent sur ses traces, entre autres
un *Lyonoés* comme lui, *Taillemont*, auteur d'un ouvrage intitulé : *La Trica-
rite*, *plus quelques chans en faveur de
plusieurs damoézelles*. Un Manceau,
Jacques Peletier, adopta une orthographe analogue dans son *Art poétique* et
ses *Opuscules en vers*. En voici un court
échantillon :

> Alors que la vermelhe [10] aurore
> Le bord de notre ciel colore,
> L'alouette, en ce mème point,
> De sa gentilhe voés honore
> La foéble lumière qui point.

Au nombre des plus chauds partisans
de Meigret, nous citerons encore *Laurent
de la Gravière*, traducteur du *Mantouan*
et d'autres poètes latins modernes, tels
que *Voulté* (Vulteius) et *Salmon Macrin*.
« Je n'ajouteray plus qu'un mot, dit-il
au *bénin lecteur*, à la fin de sa préface,
c'est que, pour voir ces miens écris orthographiés presque contre le vulguère
usage, tu ne veulles, pour cette seule

occasion, les dédaigner ; mais croire
que telle façon d'écrire, soutenue par
évidentes raisons, commence maintenant d'entrer peu à peu en tel crédit en
notre France, et sous la faveur d'une in-
finité des plus savans, que, avant peu de
temps, celle qui a été, par contemnement
de toutes lois, si longuement en règne,
sera par autant d'années exilée que l'u-
sage du gland, après l'invencion du blé. »

Voilà ce qui s'appelle parler en vrai
gentilhomme, le poing sur la hanche et
la moustache retroussée. Messire Laurent de la Gravière dit nettement son
fait à la routine : à ses yeux, la nouvelle
orthographe est le pur froment de la ci-
vilisation ; l'ancien système n'est que la
nourriture des pourceaux. Grand merci,
Monseigneur ! Mais n'en déplaise à votre
haute outrecuidance, dans cette occasion,
vos adversaires étaient les civilisés ; les
barbares, c'étaient vous et les vôtres.

Depuis, la plupart des systèmes néo-
graphiques n'ont guère fait que re-
prendre, avec certains développements,

la tentative de Peletier et de Meigret; c'est-à-dire qu'ils ont eu presque
tous, pour tendance avouée, la prétention de conformer de plus en plus l'orthographe à la prononciation usuelle ,
sous prétexte de *simplifier* la première,
et de la rendre plus claire et plus facile : si bien qu'un beau jour, à force
de *simplifier*, on a fini par aboutir à la
simplification suprême, en d'autres termes , à l'incroyable plaisanterie de
M. Marle, cet Érostrate du ridicule.
Toutefois, rendons-lui cette justice : il
était au moins logique, celui-là, dans
son aberration grammaticale. Certes !
le gaillard n'y allait pas de main morte ;
il poussait le système jusqu'aux der-
nières conséquences possibles, et ne s'ar-
rêtait pas à moitié de la route, comme
ses timides prédécesseurs. Après lui ,
rien !

Hic tandem stetimus, nobis ubi defuit orbis.

En fait de réforme orthographique ,
l'Hercule mâconnais avait prononcé le
Nec plus ultrà ! Lisez plutôt :

« *L'éqriture n'a été invantée qe pour indiqé la prononsiasion, èle ne doi qe pindre la parole qi è son orijinal ; èle ne doi point an doublé lè trè ni lui an doné q'èle n'a pd, ni s'obstinèr a le pindre a prèzan tèl q'il étèt il i a pluzieur sièqle. Atachon-nou donq a reqtifié (il appelait cela rectifier, le malheureux !) lèz abu qi se sont introdui dans notre ortografe ; èle deviindra plu fasile, la prononsiasion sera plus èzé a aprandre, é nou feron sèsé lè reproche de seû qi trouve tan de qontradiqsion antre notre lange éqrite é notre lange parlée.* »

Les divers auteurs de tous ces malencontreux systèmes, n'ont oublié qu'une chose, à notre avis : c'est de se demander comment on pouvait réellement *simplifier* l'orthographe d'une langue dérivée comme la nôtre. Était-ce en effaçant de plus en plus tout vestige d'étymologie, en éloignant cette orthographe de sa tradition latine, et, pour ainsi dire, en l'arrachant du sein de sa mère ? Evidemment, non ! Rien de moins simple, de moins clair que cette prétendue orthographe. C'est la plus embrouillée des *cacographies*. Elle ne dit rien à l'intelligence, elle ne rappelle rien au souvenir : elle ne parle qu'à l'oreille. Niaise et brutale, elle vous jette à la tête le son actuel du mot, et puis c'est tout : elle vous laisse parfaitement ignorer les diverses phases par lesquelles il a dû passer, les différents âges de sa vie, et d'abord, son berceau.

Dans ce bruyant concert de réformateurs, de Meigret à M. Marle, une seule voix s'est fait entendre en faveur de la vieille orthographe. *Régnier-Desmarais*, secrétaire perpétuel de l'Académie française, depuis 1684 jusqu'en 1711, publia, en 1706, une grammaire qui renfermait de longues recherches sur la théorie de notre langue. Le passage suivant donnera une idée de sa manière d'écrire :

« De mesme que je n'ay rien avancé icy de ma propre authorité, et qui ne soit fondé sur l'orthographe du Diction-

naire de l'Académie Françoise, de mesme
aussy je n'y ay attaqué toute autre orthographe, qu'autant qu'il a esté nécessaire pour la deffense de celle qui, estant establie sur l'origine des mots,
appuyée sur les principes et sur les pré-
ceptes de la Grammaire, authorisée et
retenuë par l'Usage, contre les diverses
entreprises des Novateurs, est suivie pu-
bliquement par une Compagnie qui,
dans toutes ses Assemblées, fait sa prin-
cipale application de l'estude de la
Langue. »

Cette orthographe est déjà bien plus
rationnelle, bien plus conforme à l'étymologie, que celle de Meigret, Peletier,
Marle et consorts. Cependant, même au
point de vue étymologique, elle est encore incomplète; et c'est un défaut
qu'elle partage avec l'orthographe du
seizième siècle, dont elle n'est, après
tout, que la reproduction. Régnier-Desmarais semble adopter et préconiser
l'ancienne orthographe, uniquement par-

ce qu'elle est ancienne ; en cela, il nous rappelle ces bons vieillards, que l'on rencontre encore tous les jours, et qui ont religieusement conservé la culotte courte et la queue, à titre de protestation en faveur de la bienheureuse époque qui a précédé 93. Nous disons, au contraire, et c'est à ce propos que nous différons de Régnier, qu'il fallait prendre pour base l'orthographe en vigueur au seizième siècle, non point parce qu'elle est ancienne, mais parce qu'elle est, dans son ensemble, beaucoup plus près de la vérité étymologique, que l'orthographe bâtarde qui a usurpé sa place. Nous disons, en outre, qu'il ne fallait pas s'en tenir là, mais travailler encore ce fonds une fois donné, l'enrichir de plus en plus, et le mettre autant que possible en rapport avec les origines de la langue. De cette façon, peut-être, nous aurions fini par avoir une orthographe savante, régulière et complète.

Si, depuis deux ou trois siècles, on était entré dans cette voie, au lieu de suivre une marche toute contraire, au lieu de s'embarrasser dans ce prétendu système de simplification, qui n'a rien simplifié, voici probablement les résultats orthographiques auxquels on serait parvenu.

On aurait, en premier lieu, rétabli toutes les lettres purement étymologiques ; nous voulons dire celles qui ne se prononcent pas, mais qui, malgré cela, sont bien loin d'être inutiles, puisqu'elles servent à constater l'étymologie, et à renouer le fil de la tradition linguistique. En revanche, on aurait supprimé les lettres réellement parasites " qui, de temps à autre, s'étaient glissées dans le corps de certains mots, et que nos ancêtres n'avaient souvent introduites que pour obéir à un vague instinct de symétrie. Puis, donnant à l'orthographe ainsi fixée dans sa base, un degré de plus de clarté, de certitude et de rigueur, on aurait cherché, par un moyen quelconque, à distinguer les lettres étymologiques des lettres *prononciatives* (pardon de ce barbarisme nécessaire). Pour atteindre ce but, il est assez probable que, d'abord, on aurait inventé des signes particuliers [1], afin d'en étiqueter, en quelque sorte, les lettres de simple étymologie. Ensuite, on aurait pu s'apercevoir que ces caractères nouveaux embarrassaient et obscurcissaient l'orthographe, au lieu de l'alléger et de l'éclaircir ; et l'on aurait fini, peut-être, par découvrir un moyen bien simple de noter et de rendre saillantes, pour l'œil comme pour la pensée, les lettres étymologiques et dérivatives : on les aurait écrites en caractères italiques, dans un texte romain, et en caractères romains, dans un texte italique. De cette manière, on serait parvenu, sans aucune complication de signes inconnus à notre alphabet, à distinguer nettement les lettres étymologiques des lettres prononciatives. L'étymologie et la prononciation auraient marché fraternellement, côte à côte, et les deux systèmes rivaux auraient été logiquement conciliés.

Divisum imperium cum Jove Cæsar habet.

Résumons-nous, afin d'épargner à notre patient lecteur l'aridité de plus longs détails. Voici donc, à peu près, en vertu de nos déductions précédentes, comment on aurait pu régulariser l'orthographe française. Entre autres conditions, il aurait fallu pour cela :

1° Rétablir les lettres étymologiques ;

2° Transcrire ces mêmes lettres en caractères différents du corps des mots, et convenir qu'ainsi écrites elles ne se prononceraient pas ;

3° Conserver la bivocale *oi* avec le son conventionnel *ai* (è), toutes les fois que la raison étymologique l'aurait exigé. Seulement alors, pour éviter toute incertitude relativement à la prononciation, l'on aurait dû écrire *oi* en grandes capitales, par exemple. Tel serait le verbe *cognOIstre (cognoscere)* ;

4° Mettre entre parenthèses les lettres *euphoniques* ou *aspiratives* que le fran-

çais ajoute à certains mots : entre autres, l'*h* initiale dans (h)au*lt* (*altus*),
(h)aulteur, et les dérivés ; et l'*e* initial
dans (e)sprit (*spiritus*), (é)spée (*spada*),
(é)sté (*status*), du verbe *être*, — ce qui
aurait offert un moyen de distinguer
(é)sté, participe, du substantif ésté (*œs-
tas*) ;—(é)sponge (*spongium*), (é)stran-
gler (*strangulare*), (é)stain (*stannum*),
(e)space (*spatium*), (e)sclandre (*scanda-
lum*), (é)strange (*strano*), (e)spargner
(*sparmiare*), etc. ;

5° Maintenir, dans ce dernier cas, l'accent aigu [1] de l'orthographe actuelle,
afin que la non-prononciation de l'*s* étymologique n'empêche pas de donner à
l'*é* initial le son fermé qu'il doit avoir ;

6° Conserver scrupuleusement les
doubles consonnes, pourvu toutefois
qu'elles préexistent dans un type latin
ou étranger. Ex. : ABBAISSER (en italien
abbassare), ABBRÉGER (en latin *abbre-
viare*), APPERCEVOIR (*ap-percipere*, pour
ad-percipere), etc. ;

7° Enfin (sans parler d'autres réfor-

mes moins essentielles, que nous omet-
tons pour être plus court), remplacer l'*x*
final des substantifs et adjectifs pluriels
en *aux* et en *eux* [14], par l'*s*, marque
régulière du pluriel en français, précédée, le cas échéant, de l'*l* étymologique :
un châsteau, des châsteau*ls* (*castella*) ;
un cheval, des chevau*ls* (*caballi*) ; un
cheveu, des cheveu*ls* (*capilli*). On écri-
rait de même : vieu*ls* (*vetulus*), et mieu*ls*
(*melius*).

Qu'on nous permette, en terminant,
d'offrir un léger spécimen de l'orthographe fossile que nous avons tenté de
reconstituer, dans les quelques lignes
qui précèdent. Au besoin, nous la justi-
fierons entre parenthèses, à l'aide de l'é-
tymologie :

« L'orthographe d'une langue, si nous
l'ausons (*audere, ausum*) dire, est le costume que cêste (*hæc-ista*) langue revêst
au*ls* yeu*ls* du monde, pour sortir des
bouches qui la parlent, et se promener
sur le papier. C'est vous faire souspe-
çonner (*suspicio*, souspeçon) qu'elle *hat*

(*habet*) deà (è)stre soubmise (*submissa*), elle aussi, au*l*s mille et une variations de la mode, au*l*s nombreus caprices de l'usage, à toutes les phantaisies du moment; et que, plus tard, elle s'est veue (ital., *veduta*) constraincte (*constricta*, de *constringere*) de subir, comme une humble subjècte, l'inéluctable tyrannie de l'accoustumance. C'est vous dire en mésme temps que, comme tout aultre costume, elle peingt (*pingit*), elle characterise une épo ue, tout aultant (*aultre tant*; ital. *altretanto*), sinon mieu*l*s, que ce qu' *h*on (*homo*) appelle la littérature et les ar*t*s. Il est aisé, si l'on veu*l*t, de s'en appercevoir aujourd'*h*ui. Veoyez nostre langue dans son costume actuel! C'est (é)stroict, gehénné; cela sent son bourgeois œconome, son industriel parcimonieus. On nous accusera de bâstir (ital., *bastire*) *h*ici (*hic*) des châsteau*l*s en Espagne; mais nous le demandons à (h)au*l*te voix : qu'*h*avons-nous faict de l'antique pallium au*l*s larges plix (*plexus*)? Qu'est devenue l'ampleur ondoyante de la toge romaine ? Où est-il seulement, le seigneurial costume du seizième siècle ? Où sont-ils, à ceste heure, les vieuls pourpoincts tailladés, et les feutres au fier panache ? Le temps oublieus les *hat* faict disparOîstre : il nous reste à la place un je ne sais quoi sanz (ital., *sanza*) charactère et sanz nom, une (e)spèce de sac informe qui pourrait *h*abiller une guérite aussi bien qu'un *h*omme. Ce n'est plus une chlamyde, ce n'*h*at jamais (é)sté un jus'aucorps... c'est un paletot. »

En voilà bien assez, sans doute. Lecteur bénévole, pour parler comme nos pères, veuillez nous pardonner cette boutade rétrospective, qui, nous en jurons nos grands dieux, ne tire pas à conséquence. Nous avons maugréé tout à notre aise ; maintenant, cela va sans dire, nous continuerons, en fait de langage écrit, à nous *h*abiller et à nous coiffer comme vous, comme tout le monde... avec un sac et un boisseau.

NOTES.

---

[1] Observons en passant, avec beaucoup de grammairiens, qu'on devrait dire et écrire *orthographie*, et non pas *orthographe*.

En effet, dans les mots tirés du grec, analogues à celui-ci, la terminaison *graphie* désigne toujours la science, et la terminaison *graphe*, le savant : la *géographie* et un *géographe* ; l'*hydrographie* et un *hydrographe* ; la *cosmographie* et un *cosmographe* ; l'*hagiographie* et un *hagiographe*, etc. C'est donc l'*orthographie* qu'il faudrait dire en parlant d'une écriture correcte, et un *orthographe* en parlant d'un homme qui sait ou enseigne l'orthographie. Mais que voulez-vous ! disons *orthographe* au lieu d'*orthographie* : il vaut mieux, en fait de grammaire surtout, être illogique avec tout le monde que d'avoir raison tout seul.

[2] Manifeste du néographe en question, publié en 1829, in-32.

[3] Ouvrage de Meigret, imprimé en 1550, à Paris, chez Wechel.

[4] Par une métathèse euphonique, le *g* s'est placé devant l'*n* dans tous ces dérivés, et, comme en italien, il a fait mouiller cette dernière articulation.

Puisque nous en sommes sur les mots à désinences nasales, il est à propos de signaler ici un procédé de formation qui remonte aux premiers temps de notre vieille langue d'oïl. Pour passer dans notre idiome, les mots latins, italiens ou autres, dont la désinence était précédée d'une consonne ou articulation nasale *m*, *n*, *gn*, etc. ont d'abord abandonné cette désinence ; puis, afin d'en compenser la perte, nos ancêtres ont nasalisé la pénultième syllabe du mot primitif, devenue la syllabe finale du dérivé français. Tout cela s'est fait instinctivement. L'adverbe latin LONG-*é*, transformé de la sorte, a donné naissance à notre adverbe *loin*, autrefois *loing* ; FAM-*es* a produit *faim* ; PLAN-*us*, *plain*, *plaine* ; VAN-*us*, *vain* ; FREN-*um*, *frein* ; UNCT-*us*, *oinct* ; SOMN-*ium*, *soin*, autrefois *soing*.

Dans ce dernier mot, le *g* final n'est plus étymologique comme dans *loing* : il est venu seulement, appelé d'ailleurs à cette fonction par sa nature même, renforcer d'un nouveau signe le son nasal de la désinence. La même particularité s'observe dans *ung*, *tesmoing*, et autres mots semblables.

Notons encore, toujours à propos de *soing*, que son primitif *somnium* paraît avoir produit trois branches de dérivés : d'abord, *somme*, *sommeil*, *sommeiller*, etc., ensuite, *songe*, *songer*, *songeur*, etc., et enfin *soing*, *soigner*, *soigneux*, etc.

[5] Par exemple, ils remplaçaient *remembrer* par *remémorer*, *oublieux* par *oblivieux*, *oisif*, par *ocieux*, etc. Ici, notre amour pour le seizième siècle ne nous empêchera pas de convenir d'une chose : c'est que tous ces dérivés savants,

...lqués à la vitre sur le latin, ne valaient pas, à beaucoup près, les vieux mots d'origine toute populaire : *remembrance, ramentevoir, accra-anter, s'esbanoyer,* etc.

« En remontant au berceau de notre langue, on voit que la bivocale *au* remplaçait la syllabe latine *al* ; ALTER était devenu AUTRE ; ALTUS, HAUT. Au seizième siècle, on rétablit l'*l* étymologique, et en conservant la syllabe gauloise ; on écrivit donc AULTRE, HAULT, une *FAULX*, il *FAULT*, etc. En supprimant l'*l* dans tous ces mots, l'ortho-graphe moderne s'est rapprochée, sans le savoir, du système primitif.

Au contraire, c'est en se conformant au sys-tème étymologique, qu'*Estienne Dolet* a écrit dans son *Second Enfer :*

Ung homme est-il de valeur si petite?
Est-ce une mouche? ou ung *verms* qui mérit,
Sans nul esgard, si tost estre destruict?

Évidemment, *verms* écrit de la sorte se ratta-che beaucoup mieux, d'une part à son primitif latin *vermis*, de l'autre à son dérivé français, le diminutif *vermisseau*. N'importe, nous dira t-on peut-être, il est choquant de voir à la fin d'un mot trois consonnes de suite, dont les deux der-nières ne se prononcent pas. Les prononcez-vous dans *corps, temps,* etc.? Il n'est pas plus bizarre, à ce qu'il nous semble, d'écrire *verms* à cause de *vermis*, que d'écrire comme tout le monde, *corps* à cause de *corpus*, et *temps* à cause de *tempus*.

« Nous remarquerons ici que les verbes

français anciennement terminés en *oistre*, se rattachent aux verbes latins en *escere* ou *oscere* (CRESCERE, *croistre*; COGNOSCERE, *cognoistre*); tandis que ceux en *aistre* viennent de primitifs en *ascere*, *asci* (PASCERE, *paistre*; NASCI, *naistre*). On le voit, l'ancienne orthographe établissait, entre ces deux branches de dérivés, une distinction très-utile au point de vue de l'étymologie; cette distinction est entièrement effacée par l'orthographe actuelle. Il aurait donc été avantageux, comme nous le verrons plus tard, de conserver la bivocale *oi* représentant le son *ai* (*è*), toutes les fois que l'étymologie l'aurait exigé. Cela ne veut pas dire qu'il aurait fallu la maintenir partout, dans les imparfaits par exemple. Ici, l'orthographe moderne *j'aimais* (amabam), *je lisais* (legebam), en dialecte normand *je liseis*, est à la fois l'orthographe la plus ancienne, la plus vraie, la plus étymologique.

⁸ Il est curieux de constater les différentes phases par lesquelles ce mot a passé, pour arriver jusqu'à nous dans sa forme présente. Du latin *quisque-unus* (chaque-un, chaque individu) notre dialecte d'oc a fait d'abord *quascun* (qui est la dérivation la moins altérée), ensuite *cascun*; l'italien a dit *ciascuno*, le dialecte d'oïl *chascun* (chasque-un), et le français actuel *chacun*.

⁹ Il s'est conservé jusqu'à nos jours dans les deux participes du verbe *être*, *étant* (autrefois *estant*), et *été* (autrefois *esté*), celui-ci dérivé du latin *status*, de même que l'italien *stato*, *istato*. Notons que les Italiens disent *sono stato* (litté-

ralement *je suis été*), et les Français *j'ai été* :
ce qui prouve que les Italiens sont beaucoup
plus logiques que les Français. *Status* en latin,
stato en italien, veut dire *établi, disposé* de
telle ou telle manière. Quand donc un Italien
dit : *Sono stato rubato*, j'ai été volé, l'analyse
de cette expression nous donne un sens parfaitement en rapport avec les termes : Je suis *établi*
volé, je suis dans *l'état* d'un homme qu'on a
volé. Mais quand un Français dit : *J'ai été volé*,
en décomposant sa phrase nous obtenons : *J'ai*
établi volé, ce qui n'offre absolument aucun
sens. Concluons de là que l'homme du peuple,
en disant *je suis été*, est beaucoup plus dans le
vrai que l'homme du monde en disant *j'ai été...*
et, malgré tout, continuons de parler comme
l'homme du monde.

¹⁰ L'emploi de l'*h* pour mouiller les consonnes *l*, *n*, est une des particularités qui ca-
ractérisent les dialectes languedociens :

Vous me menérets en un banquet qu'el éro
lou pus bél et MILHOU *aprestat que n'ayio vist*
en ma vido (Vous me menâtes en un banquet
qui était le plus beau et le mieux apprêté que
j'aie vu de ma vie).

AUGER GAILLARD (*Lou Banquet*).

Le même fait s'observe en portugais : *Tirar-*
LHE *o* FILHO *a vida* (Mourir de la main de son
fils).

¹¹ L'exemple suivant nous fera comprendre.
On écrivait autrefois *il veult*, orthographe suffi-
samment justifiée par le latin *vult*; mais on disait

en même temps *il peult*, avec une *l*, quoique le latin *potest* n'autorisât nullement cette dernière façon d'écrire.

On conçoit également que l'*s*, dont l'ancienne orthographe faisait un fréquent usage, a dû se glisser, par la même intrusion, dans un assez grand nombre de mots. Comme, en général, cette *s* étymologique allonge la voyelle qui la précède (*baptesme, mesme*, etc.), nos vieux auteurs paraissent, dans plus d'une circonstance, l'avoir considérée comme un simple signe orthographique, analogue à notre accent grave ou circonflexe. C'est ainsi qu'Amyot écrit *proesme* (préface), avec une *s* qui ne se trouve pas dans le correspondant latin *prœmium*, et cela, tout simplement pour faire prononcer *proème*.

Il est encore un cas où l'on a bien fait de supprimer une lettre inutile : c'est dans le verbe *savoir*. Le seizième siècle, et même le dix-septième, en écrivant *sçavoir* à cause du latin *scire*, commettaient une faute d'étymologie. *Savoir* vient du latin *sapere*, par l'intermédiaire du languedocien *saber*. Rien de plus commun que cet adoucissement du *p* en *b*, puis du *b* en *v*.

¹² Ceci n'est pas, comme on pourrait le croire, une pure hypothèse de notre façon : il y a eu réellement, au seizième siècle, une tentative de cette nature. En 1531, le médecin Jacques Dubois, dit *Sylvius*, publia, chez Robert Estienne, une grammaire de la langue française, écrite en latin selon l'usage du temps. L'introduction renferme tout un système d'écriture

tendant à concilier l'étymologie et la prononciation. Ce système consistait à maintenir partout
les lettres étymologiques, et à figurer au-dessus
la prononciation actuelle. Par exemple, dans
nous lisons, comme ce mot se rattache au latin
legimus, Sylvius l'écrit *nous ligons;* et, pour
qu'on ne se trompe pas sur la prononciation, il
place au-dessus du *g* une petite *s*, chargée de
représenter le vrai son du mot : *Nous ligons.*

¹³ Et, pour une raison semblable, l'accent
grave et l'accent circonflexe : *pèllerin* (pellegri-
no), *albàstre* (alabastrum). Mais il y a , dans
l'orthographe moderne, des voyelles surmontées
de l'accent circonflexe, qui, pour tout le monde,
sont brèves (excepté dans certaines provinces),
comme *hôtel, hôpital, rôti.* Cet accent aurait
disparu et l'on aurait écrit, en se conformant à
la fois à l'étymologie et à la prononciation :
hostel, hospital, rosti.

¹⁴ On agirait de même pour les singuliers en
eux, afin de rappeler la terminaison latine *osus*,
ou la désinence italienne *oso : nombreus* (nu-
merosus), *orgueilleus* (orgoglioso).

9 782329 309941